Naiem Ahmadinejadfarsangi

Corps renforcé Shahid Abdul Mahdi Maghfoury

Naiem Ahmadinejadfarsangi

Corps renforcé Shahid Abdul Mahdi Maghfoury

مجسمه تقوی شهید عبدالمهدی مغفوری

Éditions Muse

Imprint

Cover image: www.ingimage.com

Publisher:
Éditions Muse
is a trademark of
International Book Market Service Ltd., member of OmniScriptum Publishing Group
17 Meldrum Street, Beau Bassin 71504, Mauritius
Printed at: see last page
ISBN: 978-620-2-29787-5

Corps renforcé Shahid Abdul Mahdi Maghfoury

مجسمه تقوی
شهید عبدالمهدی مغفوری

Naiem ahmadinejadfarsangi

Table des matières

alaistishhad walaistishhad alaistishhad hu almawt 3

alkhalfiat alttarikhiat almubakira bhsb shahadat alttarikh....................................19

La période ottomane (1500-1922 après JC)..29

La période d'indépendance de l'Irak 33

alshahid eabd almahdi maghfuri wld alshahid eabd..41

Message à Muhammad Rasul Jamshidi 50

Références 57

alaistishhad walaistishhad alaistishhad hu almawt

almukhtar walmawt aldhy yadhhab 'iilayh al'iinsan la 'an yati 'iilayh , wamin huna tanbae 'ahamiyat waqimat alaistishhad walaistishhad. me 'ana alshiyeia 'iidha maat fi farashih fahu shahid , lkna alshahadat laha darajat 'aelaaha aljhad fi sabil allh. almadat alrayiysiat min "alshhad" tanqul maenaa alhudur , wabialttali fa'iina alshahadat walshahadat fi al'afeal wal'afeal mushtaqatan min hadhih almuqalat binafs alaietibar ; lkn fi 'ayi mashhad yujad alshhyd? hal hu shahid ealaa almalayikat eindama yurid mughadaratan hdha alealm? hal hu shahid ealaa albarakat alty yahibuha allah lah wayuraqibuha mundh 'awal muth? - kama warad fi edt riwayat - hal wujudih 'amam allah la yuhlak abdana? 'aw... yanqul bari , mahma kan menaha , fikrat 'an shhydana lah mawt khasin , bikhilaf alwafayat al'ukhraa. laqad aistakhdam alrasul alkarim (slaa allah ealayh wasalama) kalima "shhidan" lil'iisharat 'iilaa al'ashkhas aldhyn qutiluu fi sabil allh. naqra fi riwayat 'ana al'imam qal li'ashabih: bism allah majruhat qatalat li'aniy shahid: 'iina aljuruh alty 'asbat bikum fi sabil allah , waman qatal mink fahu shahidun. qimat alshahada fi ealam alyawm almudtarib , aldhy 'utliq ealayh aism easr ainfijar almaelumat , wafi waqt tafqid fih alhudud aljughrafiat , wamuenaha alssabiq wamafhumuha fi albinyat aljadidat lilmuerifat waltaghyir al'asasii fi hayat al'iinsan , tdryjyaan walsultat alwataniat likuli balad fi baedah althaqafi. ybdw 'ana himayat alqiam althaqafiat satakun muqarabat waqieiatan waistiratijiatan. wahakdha , fa'iin kl sarkhat min ajl altahrir wakuli rayat alhuriyat fi jmye 'anha' alkawn tataearad lilhujum min qibal aleawasif alssamat lilaitihad alealamii lildhahab wal'iikrah.

fi ghdwn dhlk , f'ina muhimatan kl 'uwlayik aldhyn yufakirun fi aleadl walhuriyat waltahrir wayuminun bialmithl al'aelaa lil'anbia' , hi himayat thaqafat almuqawamat walwala' fi hadha alghazw aldhy la yuhsa bi'aya wasilat mumkinatin. 'almae wa'almae najam fi sama' thaqafat altaharur hu shuelat thaqafat alaistishhad. 'iina takrim alshuhada' walainhina' ealayhim juhd muqadas fi rafe rayat alaistiqlal wahuriyat al'iinsaniat , wahu nayr aldhuli wal'asar , wakhatwat kabirat nahw 'iihya' qiam madrasat altawhid waleadalat ; li'ana "alaistishhad mawt ealaa tariq alqym" wakul shahid shuelat tata'alaq 'iilaa al'abad fi 'awj eizat 'umat. "alshahid 'ajmal jurh fi jasad alkawn wa" alaistishhad "ajamal ghanayiyat tunbae min 'ahmar shafah alhaqiqati.

alshahadat taeni alsahwat watuadih alruwyat. alaistishhad hu alshuelat alty yuaqiduha allah fi nufus mukhtarih lilhurub min zalam alhayat. alshahid hu masdar alnaar alati tuhariq hisad alqahr walma' almutadafiq ealaa alsahra' almutaeatishat lileadalati.

kl shahid hu fajar yartafie fi 'ufuq alsama' wayasir rasul alsabhi. shahadat alshahid hi bialtaakid 'akthar qimatan wafaealiat min hayatih. walshahadat min sifat allah , waeindama yasil al'iinsan 'ila drjt alniqa' alty tasil 'iilaa manzilat alaistishhad , fahu makhluq multahaq bialkhaliq waleadi , wamin "thruti alruwhiat". alaistishhad lays mwtana , bal akhtiaran: "wla tuqil 'iinak qatalat fi sabil allha". almawtaa la yuhyun wala yatlun ". la tufakir fi 'ayi shakhs qutil 'aw 'astashhid fi sabil allah ealaa 'anah mayit ; bal 'iinah hayun wakhalid , lakank ln tajid hadhih alhaqiqat. 'iina alshahid ealaa qayd alhayat daymana wamutah hu fi alwaqie aintiqal min alhayat alhaliat ealaa sath altabieat 'iilaa alhayat alty khalfaha. fi alquran alkarim hwaly eshr ayat sarihat ean 'uwlayik aldhyn qutiluu fi sabil allh. wamin al'umur alty warad dhakraha fi hadhih alayati: baqa' alshahid , wa'iiealat alshahid , waghafiran dhanub alshahid , wafuqdan 'aemal alshahid , wafarih alshahid wasaeadatuh , wadukhul alrahmat al'iilhiat wakhilas alshahid.

Citation et citation

Le martyre est la mort et la mort choisies auxquelles une personne va plutôt qu'elle ne vient, et de là découle l'importance et la valeur du martyre et du martyre.

Bien que si un chiite meurt dans son lit, alors il est un martyr, mais le martyre a les niveaux les plus élevés, dont le plus élevé est le djihad pour la cause de Dieu.

L'article principal du «martyre» exprime le sens

d'être présent, et ainsi le témoignage et le témoignage dans les actes et les verbes sont dérivés de cet article avec la même considération; Mais dans quelle scène se trouve le martyr? Est-il témoin des anges quand il veut quitter ce monde? Est-il témoin des bénédictions que Dieu lui accorde et les a observées depuis le début de sa mort? - Comme indiqué dans plusieurs récits - Sa présence devant Dieu ne périt-elle jamais? ou…

Barry, quelle que soit sa signification, transmet l'idée qu'un martyr a une mort spéciale, contrairement à d'autres morts. Le Saint Prophète (que Dieu le bénisse et lui accorde la paix) a utilisé le mot «martyr» pour désigner les personnes qui ont été tuées pour la cause de Dieu. Nous lisons dans un récit que l'imam dit à ses compagnons:

Au nom d'Allah, je suis blessé et tué parce que je suis un martyr:

Les blessures qui vous ont été infligées à cause d'Allah, et quiconque est tué parmi vous est un martyr.

Valeur du certificat

Dans le monde turbulent d'aujourd'hui, qu'on a appelé l'ère de l'explosion de l'information, et à une époque où les frontières géographiques se perdent, leur signification antérieure et leur concept dans la nouvelle structure de la connaissance et le changement fondamental de la vie humaine, progressivement et l'autorité nationale de chaque pays dans sa dimension culturelle. La protection des valeurs culturelles semble être une approche réaliste et stratégique. Ainsi, chaque appel à la libération et chaque bannière de liberté à travers l'univers est attaqué par les tempêtes venimeuses de la Fédération mondiale de l'or et la coercition.

En attendant, la tâche de tous ceux qui pensent à la justice, à la liberté et à la libération et croient en l'idéal des prophètes, est de protéger par tous les moyens possibles la culture de la résistance et de la loyauté dans cette conquête innombrable.

L'étoile la plus brillante et la plus brillante du ciel de la culture de la libération est le flambeau de la culture du martyre.

Honorer les martyrs et s'incliner devant eux est un effort sacré pour lever les bannières de l'indépendance et de la liberté de l'humanité, qui est le joug de l'humiliation et des familles, et un grand pas vers la renaissance des valeurs de l'école du monothéisme et de la justice. Parce que «le martyre est la mort sur le chemin des valeurs», et chaque martyr est une torche qui brille à jamais au plus fort de la fierté d'une nation.

"Le martyre est la plus belle blessure du corps de l'univers et" martyre "est la plus belle lyrique qui découle du rouge à lèvres de la vérité. Martyre signifie éveil et clarifie la vision.

Le martyre est la torche que Dieu allume dans l'âme de ses élus pour échapper aux ténèbres de la vie.

Le martyr est la source du feu qui brûle la moisson de l'oppression et l'eau qui coule sur le désert assoiffé de justice. Chaque martyr est une aube qui se lève dans le ciel et devient le Messager du matin. Le témoignage du martyr est certainement plus précieux et efficace que sa vie.

Le témoignage est l'un des attributs de Dieu, et lorsqu'une personne atteint le degré de pureté qui atteint le statut de martyre, elle est une créature jointe au Créateur et à l'ordinaire, et c'est ma «richesse spirituelle».

Le martyre n'est pas la mort, mais plutôt un choix: "Ne dites pas que vous avez tué pour la cause de Dieu." Les morts ne vivent pas et ne récitent pas. "

Ne pensez pas que quiconque a été tué ou martyrisé pour Dieu est mort; Il est vivant et immortel, mais vous ne trouverez pas cette vérité.

Le martyr est toujours vivant et sa mort est, en

fait, une transition de la vie présente à la surface de la nature à la vie derrière elle.

Dans le Saint Coran, il y a une dizaine de versets explicites sur ceux qui ont été tués pour la cause de Dieu. Parmi les choses mentionnées dans ces versets: la survie du martyr, l'entretien du martyr, le pardon des péchés du martyr, la perte des actes du martyr, la joie et le bonheur du martyr, l'entrée de la miséricorde divine et le salut du martyr.

La guerre Iran-Irak, contrairement à beaucoup de nouvelles guerres, est le résultat de facteurs et de variables historiques, culturels, politiques et idéologiques complexes. Certains de ces facteurs sont dus à des différences historiques et de longue date entre les Mèdes et les Assyriens dans l'Antiquité et plus tard entre les deux cultures et les nations arabes et perses, et certains d'entre eux sont dus à des développements politiques, sociaux et militaires aux niveaux national, régional et international. La période avant la guerre de huit ans (1359-1367). Une prise de conscience de ces facteurs - objectifs ou subjectifs - qui sous-tendent la guerre est tout aussi importante que l'issue de la guerre que l'ensemble des décisions politiques, militaires et technologiques utilisées sur le vrai champ de bataille. Il est fondamentalement impossible de déclencher une grande et longue guerre sans facteurs historiques, culturels et stratégiques. Cet article tentera de donner un aperçu de l'histoire du conflit Iran-Irak depuis le déclenchement de la «guerre imposée» le 22 septembre 1980.

alkhalfiat alttarikhiat almubakira bhsb shahadat alttarikh

, yaeud tarikh alkhilafat bayn 'iiran waleiraq 'iilaa aleusur alqadimat walkhilafat waltawaturat bayn almaydiiyn walashuriiyn. khilal hadhih alfatrat aindalaeat harban rasmiatan bayn hatayn alhadaratayn , fafi alharb alealamiat al'uwlaa (715 qabl almylad) hazam al'ushuriuwn , sukkan al'aradi alwaqieat shamal aleiraq , alashuriiyn li'awal marat fi aleam (614-15 qabl almilad) wawasaeuu 'aradihim. mawsie. khilal alfatrat al'akhminiat , ghazaan kursh babil , janub wawasat aleiraq , fi 538 qabl almilad , wa'alghaa bilad ma bayn alnahrayn wadama kl gharb asia , bima fi dhalik kl aleiraq alhalii , 'iilaa al'aradi al'iiraniati. zalat hadhih almanatiq jz'ana min 'iiran hataa ghazw al'iiskandar al'akbar (335 qabl almilad(khilal aleisrin albarithiiyn walbarithiiyn

, aihtala almuluk albarithiiyn babil marat 'ukhraa , wadamat 'iiran fi dhalik alwaqt mezm al'aradi almafqudat fi gharb 'iiran , alty aihtalaha al'iiskandaru. hakamat almamalik albarithiat bilad ma bayn alnahrayn , qitsayfun , wasaluqiat hataa eam 116 m. hataa frhad alththalith , almalik alfurthiu , jaeal babil thani easimatan barithiatan fi eam 64 h. khilal aleasr alssasanii , aishtada altanafus bayn al'iimbiraturiatayn , 'iiran waruma , ealaa 'aradi gharb asia. akhyrana , hazm almalik alssasanii shabur al'awal alruwman fi eam 260 m wa'asr al'iimbiratur falirian , waiqtadah 'iilaa jund shabur. baed hdha alaintisar , tawasaeat 'aradi 'iiran maratan 'ukhraa litashmal jmye 'aradi gharb asia , wazalat qitsifun (mdayn) aleasimat alrasmiat lilssasaniiyn limudat arbet qurun (260-637 m) kaeasimat alshita' alrasmiat lilssasaniin. aistamara hdha alwade hataa zuhur al'islam , wakan lil'iiraniiyn siadatan mutlaqatan ealaa bilad ma bayn alnahrayn . mae mjy' al'islam wa'athna' alkhilafat alrashdyt - 11-41 h (660-660 m) - khasatan 'athna' alkhilafat alththaniat , eindama ta'asasat alhukumat al'iislamiat fi almamlakat alearabiat alsaeudia (mkt walmdyn) , ghza alearab almuslimun 'iiran whzmu. taqadam aljaysh al'iiraniu alqawiu , biqiadat rstm frkhzad , fi asia alwustaa khilal maerakat alqadisiat wanqrad alslalt alsasany. mae aistishhad al'imam eali (e) fi sanat 41 h , nashr alamwywn qwthm min suria (swrya alhaly) 'iilaa alealam al'iislamia klh fi dhalik alwaqt whkmu ealayha qurabat qarn (1341-41 h). 'iilaa 'an alanhraf almutazayid llkhlaft alamwyt ean al'islam alsahih tasabab fi daem al'iiraniiyn lieayilat eali (e) , aladhin hrmu bshdt min huquqihim tawal aleasr al'umawia , biqiadat 'abu muslim alkhrasany eam 132 h (747 m) dida alsltn. baed hwaly thlath sanawat min alharb , fi eam 136 h (750 m) , 'alghawa alhukm al'umawia wnsb alebasyyn khlfa'an lhm. naql alebasywn markaz alkhilafat min dimashq (alsham) 'iilaa baghdad , alty kanat balkaml taht altaathir walsytrt al'iyrany. khilal hadhih alfatrat , kanat shuuwn alkhilafat aleabbasiat mhkwmt balkaml min qibal al'iiraniiyn , wakanat alhukumat al'iiqlimiat li'iiran tatamatae bsltat aistithnayiyat fi alhukumat al'islamy. tawal hadhih alfatrat alty aistamarat hwaly 505 eamana , hakam alkhlyft alwahid wahukim al'iiraniuwn , wakan jmye alkhlfa' alebasyyn tqrybana tabieayn ll'iyranyyn.

Contexte historique précoce

D'après les témoignages de l'histoire, les différences entre l'Iran et l'Irak remontent à l'Antiquité et les disputes et tensions entre les Mèdes et les Assyriens. Au cours de cette période, deux guerres officielles ont éclaté entre ces deux civilisations. Pendant la Première Guerre mondiale (715 avant JC), les Assyriens, habitants des terres du nord de l'Irak, ont vaincu les Assyriens pour la première fois dans l'année (614-15 avant JC) et ont étendu leurs terres. étendu. Au cours de la période achéménide, Cyrus a envahi Babylone, le sud et le centre de l'Irak, en 538 avant JC, abolissant la Mésopotamie et annexant toute l'Asie occidentale, y compris tout l'Irak actuel, aux terres iraniennes. Ces régions sont restées une partie de l'Iran jusqu'à la conquête d'Alexandre le Grand (335 avant JC).

Pendant les époques parthe et parthe, Babylone fut de nouveau occupée par les rois parthes, et l'Iran à ce moment-là annexa la plupart des terres perdues de l'ouest de l'Iran, qu'Alexandre avait occupées. Les royaumes parthes ont régné sur la Mésopotamie, Ctésiphon et la Séleucie jusqu'en

116 après JC. Même Farhad III, le roi parthe, fit de Babylone la deuxième capitale de la Parthe en l'an 64 de l'Hégire.

Pendant l'ère sassanide, la rivalité s'est intensifiée entre les deux empires, l'Iran et Rome, sur les terres d'Asie occidentale. Finalement, le roi sassanide Shapur I a vaincu les Romains en 260 après JC et a capturé l'empereur Valerian, l'emmenant dans l'armée de Shapur. Après cette victoire, les terres de l'Iran se sont à nouveau élargies pour inclure toute l'Asie occidentale, et Ctésiphon (Mada'in) est restée la capitale officielle des Sassanides pendant quatre siècles (260-637 après JC) en tant que capitale d'hiver officielle des Sassanides. Cette situation a continué jusqu'à l'émergence de l'islam, et les Iraniens avaient la souveraineté absolue sur la Mésopotamie. Avec l'avènement de l'islam et pendant le califat de Rashidun - 11-41 AH (660-660 CE) - en particulier pendant le deuxième califat, lorsque le gouvernement islamique a été établi dans le royaume d'Arabie saoudite (La Mecque et Médine), les Arabes musulmans ont envahi et vaincu l'Iran. La puissante armée iranienne, dirigée par Rustam Farrokhzad, a avancé en Asie centrale pendant la bataille de Qadisiyah et l'extinction de la dynastie sassanide. Avec le martyre de l'Imam Ali (que la paix soit sur lui) en l'an 41 de l'Hégire, les Omeyyades étendirent leur pouvoir de la Syrie (l'actuelle Syrie) à l'ensemble du monde islamique à cette époque et y régna pendant près d'un siècle (1341-41 AH). Cependant, la déviation croissante du califat omeyyade du véritable islam a poussé les Iraniens à soutenir la famille Ali, qui a été gravement privée de ses droits tout au long de l'ère omeyyade, dirigée par Abu Muslim al-

Khorasani en 132 AH (747 CE) contre le sultanat. Après environ trois ans de guerre, en 136 AH (750 CE), ils ont aboli le règne omeyyade et installé les Abbassides comme leurs successeurs. Les Abbassides ont déplacé le centre du califat de Damas (le Levant) à Bagdad, qui était complètement sous l'influence et le contrôle iraniens. Pendant cette période, les affaires du califat abbasside étaient entièrement gouvernées par les Iraniens, et les gouvernements régionaux de l'Iran avaient des pouvoirs exceptionnels au sein du gouvernement islamique. Tout au long de cette période qui a duré environ 505 ans, le seul calife a gouverné et les Iraniens ont gouverné, et presque tous les califes abbassides étaient subordonnés aux Iraniens.

Pendant cette période, la fusion des cultures iranienne et islamique a conduit au développement de la science, de la culture et de la civilisation, et la civilisation islamique a atteint ses plus hauts niveaux. A cette époque, Bagdad était la plus grande ville du monde après Constantinople (Istanbul). Avec la mort de Harun Rashid, une dispute éclata sur la succession entre ses deux fils, Amina et Mamoun. Le peuple irakien soutient Amina et les Iraniens soutiennent Maamoun. Ma'moun, avec l'aide des Iraniens et du général iranien Tahir Zélimin, a marché sur Bagdad, a vaincu Amina, a pris le califat et a déplacé la capitale de Bagdad à Merv. Dans le but d'obtenir le soutien des chiites en Iran et en Irak, il a amené l'Imam Reza (psl) de Médine à Marv et lui a imposé sa tutelle. Mais après un certain temps, alors qu'il était en route pour Bagdad depuis Merv, il l'a empoisonné et martyrisé à mi-chemin menant à Khorasan dans un quartier appelé Tossa, craignant l'expansion de l'influence de l'Imam. En déplaçant la capitale de Merv à Bagdad, Mamoun a attaqué et réprimé les agents iraniens dans son appareil gouvernemental: après les actions de Mamoun, les Iraniens ont été progressivement déçus par le califat abbasside et ont commencé un soulèvement contre lui. Les plus importants de ces soulèvements sont les Taharis, les Saffariyya et les soulèvements samanides.

La période ottomane (1500-1922 après JC)

À partir du XVIe siècle, avec la montée en puissance des deux puissances et des empires ottoman et safavide dans le monde islamique, avec deux religions opposées - la première sunnite et la seconde chiite - l'Irak redevint un théâtre de conflits et de guerres. Cette fois, les deux grands empires se sont affrontés pour atteindre leurs objectifs. Le gouvernement sunnite ottoman, qui se considérait comme le successeur du califat islamique, cherchait à exercer sa souveraineté sur l'ensemble du monde islamique, y compris l'Iran. En revanche, le gouvernement chiite safavide en Iran a également envisagé d'occuper des villes chiites irakiennes, notamment Karbala, Najaf et

Samarra, en particulier Bagdad. À la suite de ces conflits, les forces armées des deux pays se sont affrontées à plusieurs reprises et une longue bataille a éclaté entre elles. (Il est important de noter que les puissances européennes, afin d'affaiblir ces deux empires islamiques, ont mis le feu et alimenté leurs différences.) Et ça a continué. (4) Quatre cents ans de guerre et de conflit ont abouti à plus de 18 traités de paix et de nombreux protocoles frontaliers. Les plus importants de ces traités peuvent être nommés comme suit:

1- Le traité de 1639 entre les gouvernements safavide et ottoman, qui définissait vaguement et vaguement les frontières entre les deux pays.

2- Le traité de 1746 entre Nadir Shah et le sultan ottoman, dans lequel il y avait la même ambiguïté que le contrat des gouvernements safavide et ottoman.

3- Le traité d'Erzurum, qui a été signé au lendemain de la guerre de deux ans de 1821-1823, a ratifié les termes de l'accord de 1746 et ne pouvait pas être le point final du différend frontalier entre les deux pays.

4- Un traité important conclu en 1847 avec la médiation britannique entre l'Iran, l'Iran et l'Empire ottoman, et il a été décidé qu'un comité composé de représentants des deux parties serait responsable de la détermination précise des frontières.

5- Le Protocole du 21 décembre 1911 à Téhéran et le Protocole de 1913 à Constantinople, qui ont conduit à la création du Comité de démarcation des frontières composé de représentants de l'Iran - les Ottomans, la Russie et le Royaume-Uni, qui ont fixé les limites et établi les records.

Mais tous ces traités pour établir la paix et la stabilité dans les relations ottomanes iraniennes n'ont pas été fructueux, et les différences entre les deux pays se sont poursuivies pendant plus de siècles, et avec la désintégration de l'Empire ottoman et l'établissement du gouvernement irakien en 1932, ces différences ont atteint l'Irak.

La période d'indépendance de l'Irak

L'Irak a été créé en 1920 après la Première Guerre mondiale et l'effondrement de l'Empire ottoman des trois provinces de Bassorah, Bagdad et Mossoul sous la tutelle britannique, et en 1932, il a obtenu son indépendance politique. Le dernier statut des frontières terrestres et des eaux, dont le gouvernement irakien a hérité, a été déterminé par le Protocole d'Islamabad de 1913 et la Commission de délimitation de 1914. Selon le protocole, qui a été imposé à l'Iran avec l'intervention directe et l'influence des gouvernements russe et britannique, la péninsule arabique, administrée conjointement par Devant les gouvernements iranien et ottoman, sous la domination du gouvernement ottoman; En effet, l'État avait auparavant cédé la concession de fret sur la rivière Arvand au gouvernement britannique sous contrat. Par conséquent, le gouvernement britannique, en soutien au gouvernement ottoman, a fait pression sur l'Iran et l'a forcé à accepter la domination ottomane totale sur la péninsule arabique. Dans le même temps, la «Talug Line» ou «bottom line» a été acceptée comme coutume internationale par les voisins et a été mise en œuvre dans de nombreux cas.

Par conséquent, étant donné l'imposition du Protocole de 1913. Depuis le début de la formation du gouvernement iraquien, l'Iran a toujours exigé le règlement des différends frontaliers, la reconnaissance de ses droits inaliénables dans la péninsule arabique et la désignation de la ligne Taluja (la ligne du bas) comme la ligne bleue du pays frontalier. Et le protocole de 1913. Il a été déclaré que les procès-verbaux des réunions ci-joints étaient invalides et inefficaces en raison de son annulation par le gouvernement turc (le successeur du gouvernement ottoman) et de son manque d'approbation au parlement iranien. Après cela, le gouvernement iranien a reporté la reconnaissance de l'indépendance irakienne pour accepter les droits iraniens sur la rivière Arvand. Au contraire, le gouvernement irakien a non seulement respecté les exigences de l'Iran, mais a également persécuté les citoyens iraniens dans ce pays et, comme son prédécesseur, a suivi une politique ponctuelle. Cette question a continué jusqu'en 1929. Et cela a continué jusqu'à ce que le gouvernement britannique, qui avait de l'influence dans les deux pays, et a vu les différends croissants entre l'Iran et l'Irak comme une menace pour sa sécurité et ses intérêts dans la région et la voie navigable du golfe Persique, a réglé le différend entre les deux pays. Le Ministre du Royaume-Uni, le 11 mars 1929, a indiqué dans une note adressée au Ministre des Affaires étrangères de l'Iran de l'époque: «Si le gouvernement iranien reconnaît l'Irak, mon gouvernement, qui a été informé en détail des vues du gouvernement iranien sur les problèmes pratiques du monde arabe et les garanties qu'il recherche, prendra les mesures nécessaires avec le gouvernement irakien. Il aidera le gouvernement iranien à répondre à ses demandes raisonnables.

Après cela, le gouvernement britannique, le gouvernement iranien de l'époque, a reconnu l'indépendance de l'Irak. Après cela, l'Iran a ouvert sa première ambassade à Bagdad en juillet 1929. Néanmoins, le gouvernement iranien et les gouvernements britannique et irakien, contrairement à leurs promesses, n'ont pris aucune mesure pour répondre aux demandes de l'Iran, et le gouvernement iranien a donc été trompé par la politique du colonialisme britannique et a mis en danger ses intérêts et intérêts nationaux. Le gouvernement iranien, après près de deux ans d'attente et d'attente pour compenser son erreur, en décembre 1941, dans un mémorandum au gouvernement irakien "identifié vers 1914 après JC" entre les deux pays, selon lequel le règne du Chatt al-Arab s'est complètement rendu à l'Irak. Il l'a considéré comme nul et l'a abrogé unilatéralement. À la suite de cette action de l'Iran, il y a eu un grave affrontement entre les forces frontalières des deux pays et les relations diplomatiques entre l'Iran et l'Irak ont été très tendues. Alors que les tensions frontalières s'intensifiaient et que les relations se détérioraient entre les deux pays, le gouvernement irakien déposa une plainte auprès de la Société des Nations le 14 décembre 1934, alléguant que l'Iran avait violé ses obligations. Après les griefs de l'Irak, l'Assemblée générale des Nations Unies s'est réunie le 5 juin 1935 et après délibérations, elle a recommandé "aux parties d'essayer de mettre fin à leur conflit par des négociations directes et de s'abstenir de toute action qui aggraverait tout conflit". Les conflits peuvent être évités.

Après l'incapacité des Nations Unies à résoudre le différend irano-irakien, le gouvernement britannique de l'époque craignait la propagation de l'influence allemande nazie dans la région et cherchait à établir une alliance entre ses pays influents de la région pour affronter les mouvements allemands. Il a vu les différences entre l'Iran et l'Irak comme préjudiciables à sa politique régionale - il a essayé de mettre fin au conflit entre les deux pays. En 1936, le Conseil royal d'Angleterre a décidé que «pour améliorer les relations entre l'Iran et l'Irak, la ligne Taluja doit être reconnue comme la ligne de flottaison frontalière entre les deux pays de la péninsule arabique». Cependant, le ministère des Affaires maritimes de ce pays a considéré la souveraineté de l'Iran aux côtés des Arabes comme "nuisible" et a rejeté ce point de vue et a suggéré à la place la mise en œuvre de la ligne Talug en face d'Abadan uniquement (une cinquantaine de kilomètres). En mettant en œuvre ce plan, le gouvernement britannique a forcé l'Iran à renoncer à ses revendications concernant la révision des lignes frontalières, en particulier la souveraineté de la rivière Arvand. Le gouvernement iranien a fait pression pour cette politique et, le 4 juillet 1937, il a signé un nouveau traité frontalier avec l'Irak, qui non seulement ignorait les droits inaliénables de l'Iran sur la rivière Arvand, mais "restreignait également ses frontières". En 1914, une partie des terres iraniennes a été cédée au gouvernement ottoman, puis au gouvernement irakien, et l'Iran l'a acceptée.

alshahid eabd almahdi maghfuri wld alshahid eabd

almahdi mghfwry fi alkhamis min bhmn 1335 fi qaryat srayab frsnky fi krman. salaa 'ahl 'abih alfaqir ealaa alnaas wakanuu yaksibun eyshhm min nsj alsjad. nasha eabd almahdi fi zili hadhih al'usrat wa'akmal telymh alabtdayy walthanwy fi krman. ma myzh ean aqranh khilal hadhih alfatrat hu ailtizamah baltdyn. baed hswlh ealaa dblwm alryadyat althq bmehd kahraba' krman limuasalat dirasatah fi majal alkahraba' wahasal ealaa dblwm aldirasat alelya. min 'aswa fatarat hayat alshahid wmrwrha fatrat khidmatih wkhdmth aleskry. wfqana lwajbh , althq bialjaysh eam 1977 wabaed 'an 'akmal dawratih altadribiat fi mueaskar tadrib Lashkar Gah fi tahran , bada aleamal krqyb aitisalat kmshghl hatf. bsbb slwkh almtwade wrwhh , ajtdhb aledyd min al'asdiqa' , min aljunud wdbat alsf. kan alshahid almghfwry min 'awayil min hawal tarak alkhidmat walhurub min althakanat , watae 'amr 'imamh , wabaed tarak alkhidmat aindama 'iilaa sufuf alshaeb althawrii almktz. khilal althawrat walmzahrat fi alshawarie , kan ynsht biaintizam mae 'atfal hizb allah wyjme wynskh wywze 'ashritat al'imam alkhmyny. hukm ealayh bial'iiedam lfrarh min alkhidmat aleskry. baed aintisar althawrat al'iislamiat ead 'iilaa althuknat bi'amr min al'imam , wafi nihayat khidmatih aleaskariat hasal ealaa bitaqat nihayat alkhidmat min aljumhuriat al'islamy. baed eawdatih 'iilaa krman eam 1979 , wasal nashatih alaijtimaeii walsiyasii fi almuasasat althawriat fi krman. wakan min bayn hadhih al'anshitat aledwyt fi maqari salat aljumeat fi krman waqtrah tajmie nzamha alasasy. qam bsyaghth liatima aetmadh min qibal almuazafin , wlkn baed sanawat eadidat , la yazal hdha alnizam al'asasii mstkhdmana tmamana. althq alshahid mghfwry bialharas althawrii fi yuniu 1980 wabaed edt 'ashhur min alkhidmat fi himayat alharas althawrii , nzrana lkfa'th wmwhbth wjdart tama taeyinih mdyrana lilealaqat aleamat fi alharas althawrii fi zrnd. baed bad' alharb , jaealath jhwdh lilzuhur fi sahat alqital wtnzym alquwwat fi muhafazat krman shakhsiat mkhlst wmmte. laqad talq bishakl jayid fi mukhtalif almanasib walmnasb al'idary. fi eam 1984 , tama taeyinih fi qiadat alharas althawrii limadinat syrjan wa'athna' khidmatih limudat eamayn , 'ahdath taghyirat muhimatan lilghayat fi madinat syrjan. kan fi kurdistan libaed alwqt. fi eam 1985 'usib bijuruh balighat fi zahrih wrjlyh fi eamaliat falfjr 8 jarra' alqasf alkimawi lileadui albethy , wafi alwaqt nfsh tawalaa maswuwliat wahdat albasyj alttabieat lilharas althawrii fi muhafazat krman. kan alhaja eabd almahdi mghfwry nshtana ealaa aljabhat aljanubiat fi mintaqat dsht eabbas mae mansib dabit aldieayat fi firqat sart 41. fi eamaliat karbala' 4 , qam alshahid almghfwry bi'iilqa' alkhtb wtjhyz alquwwat wdemha wataqdimiha wtwjyhha 'iilaa mintaqat aleamaliat , baledyd min alansht. kanat maswuwliatah fi hadhih aleamaliat hi tajhiz wtwjyh alqawarib 'iilaa mintaqat eamaliat karbala' 4 , wbsbb hadhih alsueubat adtru lileawdat 'iilaa khrmshhr , wakhyrana eindama kan nayib rayiys 'arkan firqat sar allah 41 , waqad 'astashhid fi aleamaliat jarra' qasf tayirat mueadiat llmntq.

Le martyr Abdul Mahdi Maghfoury

Le martyr Abdul-Mahdi Maghfoury est né le cinquième de Bahman 1335 dans le village de Sarayab Farsinki à Kerman. Les gens de son pauvre père ont prié pour les gens et ont fait leur subsistance du tissage de tapis. Abdul Mahdi a grandi dans cette famille et a terminé ses études primaires et secondaires à Kerman. Ce qui le distinguait de ses pairs pendant cette période était son engagement pour la religiosité. Après avoir obtenu un diplôme en mathématiques, il a rejoint le Kerman Electricity Institute pour poursuivre ses études dans le domaine de l'électricité et a obtenu un diplôme de troisième cycle. L'une des pires périodes de la vie du martyr et de son passage est la période de son service et de son service militaire. Selon son devoir, il a rejoint l'armée en 1977 et après avoir terminé son cours de formation au camp d'entraînement de Lashkar Gah à Téhéran, il a commencé à travailler comme sergent des communications en tant qu'opérateur téléphonique. En raison de son humilité et de son esprit humbles, il a attiré de nombreux amis, soldats et sous-officiers. Le défunt martyr fut parmi les premiers à essayer de quitter le service et de s'échapper de la caserne, obéissant à l'ordre de son imam, et après avoir quitté le service, il rejoignit les rangs du peuple révolutionnaire bondé. Pendant la révolution et les manifestations de rue, il était régulièrement actif auprès des enfants du Hezbollah et recueillait, transcrivait et distribuait des cassettes de l'Imam Khomeiny. Condamné à mort pour avoir abandonné le service militaire. Après la victoire de la Révolution islamique, il est retourné à la caserne sur ordre de l'Imam, et à la fin de son service militaire, il a reçu une carte de fin de service de la République islamique. De retour à Kerman en 1979, il poursuit ses activités sociales et politiques dans les institutions révolutionnaires de Kerman. Parmi ces activités figurait l'adhésion au siège de la prière du vendredi à Kerman et la proposition de rédiger ses statuts. Il l'a rédigé pour être approuvé par le personnel, mais après de nombreuses années, cette plate-forme est toujours complètement utilisée.

Martyr Maghfoury a rejoint les gardiens de la révolution en juin 1980 et après plusieurs mois de service dans la protection des gardiens de la révolution, en raison de sa compétence, de son talent et de son mérite, il a été nommé directeur des relations publiques des gardiens de la révolution à Zarand. Après le début de la guerre, ses efforts pour apparaître sur les champs de bataille et organiser des forces dans la province de Kerman ont fait de lui un personnage loyal et agréable. Il a bien brillé dans divers rôles et postes de direction. En 1984, il a été nommé au commandement des gardiens de la révolution dans la ville de Sirjan et pendant ses deux ans de service, il a apporté des changements très importants à la ville de Sirjan. Il était au Kurdistan pendant un certain temps. En 1985, il a été grièvement blessé au dos et aux jambes lors de l'opération Fajr 8 à la suite du bombardement chimique de l'ennemi baasiste, et en même temps il a assumé la responsabilité de l'unité Basij des gardiens de la révolution dans la province de Kerman. Haji Abdul-Mahdi Maghfoury était actif sur le front sud dans la région de Dasht Abbas avec le poste d'officier de propagande dans la division Sarah 41. Dans l'opération Karbala 4, le martyr al-Maghfoury a prononcé des discours et préparé, soutenu, fourni et dirigé des forces vers la zone d'opérations, avec de nombreuses activités. Sa responsabilité dans cette opération était d'équiper et d'orienter les bateaux vers la zone d'opérations de Karbala

4, et en raison de cette difficulté, ils ont été forcés de retourner à Khorramshahr, et finalement lorsqu'il était chef d'état-major adjoint de la division Sarallah 41, et il a été martyrisé dans l'opération à la suite du bombardement des avions ennemis dans la région.

Message à Muhammad Rasul Jamshidi

Au nom de DIEU.

Au service de mon cher frère, Muhammad Rasul Jamshidi, que la paix, la miséricorde et les bénédictions de Dieu soient sur vous. Puisse votre chère existence, aussi longtemps qu'elle est utile à l'Islam, être en sécurité, protégée et fidèle sous la garde et la sollicitude de Sa Sainteté, et que vous ayez toujours réussi à remplir vos devoirs et responsabilités divins. Je vais bien, Dieu merci, tous les frères et nobles, en particulier Son Excellence, sont en bonne santé, et mes salutations à vous et aux autres frères qui sont au premier plan. Mon cher frère, je suis venu à Kerman de la ville de Sirjan hier matin 6/7/63 et j'ai participé à la prière du vendredi à midi.

Là, j'ai rencontré l'un des frères qui m'a donné le Coran que vous m'avez envoyé et j'en ai eu honte. Je voulais vous envoyer un cadeau, mais j'ai vu qu'aucun cadeau ne pouvait égaler le Coran, alors j'ai eu honte d'écrire à nouveau. J'ai écrit quelques lignes pour vous et j'ai maintenant l'intention de vous donner quelques indices Ma demande de ne pas prêter attention à l'auteur de ces paroles, de peur qu'il ne satisfasse sa sainteté:

1- Vous êtes maintenant présent sur les fronts, où les grands du savoir, de la pratique et du soufisme désirent être présents, et en termes de son importance et en tant qu'Imams de l'infaillible (PSL) ils s'en soucient, en particulier Hazrat Mahdi (PSL) là-bas. Il est là et se réveille, et la présence de démons est également élevée, et par conséquent l'homme trompe parfois avec un petit problème et une excuse.

2- La chose la plus importante dans la vie d'une personne est d'être sincère, alors assurez-vous que tout ce que vous faites est fait avec sincérité. Assurez-vous de bien accomplir les tâches qui vous sont confiées et avec des yeux qui ne méprisent pas qu’il puisse être du sanctuaire de Dieu, et n’insultez aucun des soldats du Mahdi (PSL), et veillez à ne pas discuter avec qui que ce soit de questions absurdes et absurdes et à ne pas défendre injustement. Pratiquez la piété pour que les religieux vous acceptent.

3- Le front est le meilleur environnement pour le développement personnel ainsi que pour les autres, en particulier pour vous qui êtes actif dans le travail de propagande.Ne passez pas une nuit sur laquelle vous passez vos prières, ni ne passez une journée de récitation et d'exploitation. Privé du Coran .. La vie n'est que ces moments qui se succèdent. N'attendez pas votre temps libre, qui est l'instinct de Satan .. Il n'y a pas de meilleure opportunité que le front, ni un environnement maintenant. Peut-être que ce n'est pas mieux que le front où le culte est accepté et la prière exaucée, parce que le front est le sanctuaire de l'Imam au moment de (PSL), et le front est l'endroit où les anges de Dieu sont descendus, et le front est le lieu de la réunion de l'Imam à l'époque (PSL) et le front. C'est un lieu de rencontre pour Haqqali, qui passe son temps en vain, ce qui est dommage et n'a aucune chance de se rattraper.

4- Je vous répète ce que je vous ai ordonné de faire un jour, qui n'est pas de rompre les liens avec les imams infaillibles, que la paix soit sur eux tous, et d'essayer d'enraciner l'amour de ces nobles dans votre cœur, et de renforcer ses racines, et ce n'est qu'une aide. Prendre soin du Seigneur des mondes n'est pas possible, alors mon cher frère, saisissez cette opportunité et lève la main du besoin vers Dieu, le Compatissant, le Miséricordieux, et demandez-lui de le faire. Essayez de faire revivre l'infaillible les quatorze chaque jour, surtout chaque jour. Le Mahdi, que la paix et la bénédiction soient sur lui, montre plus de dévouement, donc chaque matin il récite la supplication de Dieu dans la prière du Fajr, ou après la prière du Fajr, et salue l'imam à diverses occasions et dit: La paix soit sur vous ou sur celui qui a le temps. Vous pouvez commencer à jeûner avec les frères de guerriers et profiter de la présence de clercs au premier plan pour que l'imam Hussain (PSL) puisse tous les considérer comme ses soldats et accorder plus d'attention aux fronts.

5- Mon cher frère, comme je l'ai dit, les démons peuvent être présents sur les fronts plus qu'ailleurs et peuvent les tenter, et la chose sûre est que le front a son effet sur les gens, c'est-à-dire parce qu'il y a des plats chauds et délicieux. Ce n'est pas une maison et il n'y a pas de couette large et chaude et ... que cela vous plaise ou non, cela a un impact sur les gens, mais cela ne suffit pas et il faut faire un pas de plus. Je vous recommande lorsque d'autres jouent. Souvenez-vous de Dieu et évitez les aliments et les aliments colorés au premier plan, et soyez satisfait de ce dont le corps a besoin seulement, car il y a beaucoup d'aliments qu'une personne n'a pas besoin de manger. Mangez, et cela était basé sur une base correcte qui ne provoque pas de malentendu et de déviation humaine, et ne devient pas non plus un lieu pour l'influence de

Satan. Cher frère, j'ai désespérément besoin de ce que vous avez écrit, mais comme je l'ai dit, ne regardez pas l'auteur de ces paroles, il n'est rien de plus qu'un pécheur fou qui a désespérément besoin de prédication et plus. Maintenant, le front me manque ici, fais quelque chose, ne me mange pas après être revenu de l'avant. Je transmets mes irrésistibles salutations aux frères, et je fais appel à vous et vous demande de prier Dieu Tout-Puissant de prendre soin de ce pécheur innocent et de le sauver du marais de la destruction permanente.

Une fois encore, je salue mes chers frères, M. Soleimani, M. Al-Hadi et d'autres chers collègues.

Que Dieu vous protège dans la vie du Mahdi jusqu'à la révolution Mahdi Khomeiny. Honte encore une fois le jeune frère Abdul-Mahdi Maghfoury.

Références

1- La Fondation pour la préservation des antiquités et des valeurs de la Sainte Défense, région de Bakhtaran, numéro mensuel 1 1998.
2- Lewis, R. Mirtumber, Iraq Study, traduit par Syed Jalila Salehi, Téhéran, Silk Garden Publishing Institute, première édition, 2000
3- Encyclopédie Britannica, p. 1680-1688
4- Asghar Ja`fari Valdani, A Historical Study of the Border Conflict between Iran and Iraq (2), Foreign Policy Journal, octobre et décembre 1987.
5- Ministère iranien des Affaires étrangères, Quelques faits sur le différend entre l'Iran et l'Irak au sujet du Chatt al-Arab, Téhéran, Ministère des Affaires étrangères, 1348.
6- Hossein Makki, Twenty Years of Iran's History, Volume 6, Téhéran, Editeur, 1983
7- Ali Baghdili, L'histoire politique, économique

et économique de l'Irak, Téhéran, Patrimoine national, 1989

8- Parsa Dost, Manouchehr, The Historical Background of the Iran-Iraq Conflict, Téhéran, Publishing Company, 1986.

9- Ja`faria Valdani, Asghar, The Iraqi-Iranian Borders Controversies, Téhéran, Bureau d'études politiques et internationales, 1988.

Printed by Books on Demand GmbH, Norderstedt / Germany